Inhalt

Körperpflegeprodukte, Wasch-, Putz- und Reinigungsmittel - Eine Trendschau

Kernthesen

Beitrag

Fallbeispiele

Zahlen und Fakten

Weiterführende Literatur

Impressum

GENIOS BranchenWissen Nr. 10/2007 vom 01.10.2007

Körperpflegeprodukte, Wasch-, Putz- und Reinigungsmittel - Eine Trendschau

Autor GENIOS BranchenWissen: A.Schneider

Kernthesen

- Der deutsche Körperpflegemittelmarkt hat ein Gesamtvolumen von knapp 12 Milliarden Euro. Im Trend liegen Herrenkosmetik, Naturkosmetik, Anti-Aging und Nanopartikel.
- Bei Wasch-, Putz- und Reinigungsmitteln beträgt das Marktvolumen rund 3,75 Milliarden Euro. Duft- und Riechstoffe spielen eine große Rolle; intelligente Zusatzstoffe und künstliche Düfte liegen im Trend.

- Die Hersteller von Reinigungsmitteln würden frohlocken, wenn Putzpartys wie in Amerika auch bei uns bald Trendsetter würden.

Beitrag

Herren- und Naturkosmetik, Anti-Aging-Cremes mit Vitaminen, Putzpartys mit ergonomisch gestalteten Wischmopps, intelligente Zusatzstoffe, die den schnöden Joghurt probiotisch und verdauungsfördernd machen, Duftstoffe, die uns köstlichen Apfelkuchen vorgaukeln Chemie- und Konsumgüterindustrie locken mit verführerischen neuen Trends.

Körperpflegemittel Herrenkosmetik, Naturkosmetik und Anti-Aging im Trend

Der deutsche Körperpflegemittelmarkt hatte 2006 ein Gesamtvolumen von 11,71 Milliarden Euro, so der Industrieverband Körperpflege- und Waschmittel e.V. (IKW). Der deutsche Kosmetikmarkt ist inzwischen weitgehend gesättigt, zumindest nimmt sich sein Wachstum mit 3,8 Prozent Zuwachs recht bescheiden aus verglichen mit Wachstumsraten von 40 Prozent, wie sie momentan in Indien oder Russland erzielt werden.

Die größten Absatzbereiche sind Hautpflege, Haarpflege und dekorative Kosmetik. Die Hautpflege ist seit 2002 weitgehend beständig angewachsen von 2,55 auf 2,83 Millionen Euro. Die Haarpflege liegt weitgehend stabil bei gut 2,7 Millionen Euro. Die dekorative Kosmetik musste in den Jahren 2002 bis 2005 einen Rückgang hinnehmen, konnte sich jedoch in 2006 wieder etwas erholen. Das stärkste Wachstum haben die Deodorantien (plus 7%) und die Herrenkosmetik (plus 5,6%) erzielt. Rund 676 Millionen Euro gaben die deutschen Männer im vergangenen Jahr laut IKW für Deos, Badezusätze, After Shave, Wet Shaving, Shampoo und Gesichtspflege aus. (1), [Abb.1], [Abb.2]

Naturkosmetik ist gefragt

Bio liegt im Trend. Nicht nur bei Lebensmitteln, sondern auch bei Kosmetik. Jeder zehnte Bioladen-Kunde greift ins Regal der Naturkosmetikprodukte, so das Marktforschungsinstitut Biovista. Gefragt sind Gesichtscreme und Körperöl, Shampoo und Wimperntusche aus natürlichen Rohstoffen. Noch ist der Anteil der Naturkosmetik im Gesamtmarkt relativ

klein und liegt bei 6,3 Prozent. Doch der Branchenumsatz steigt. Die deutschen Hersteller von Naturkosmetik haben im vergangenen Jahr rund 650 Millionen Euro Umsatz gemacht und ihn damit innerhalb der letzten vier Jahre verdoppelt.
Und die Deutschen sind bereit, für Naturkosmetik zu zahlen: Rund 200 Millionen Euro alljährlich für Hautpflege, 95 Millionen für Duschgels, 87 Millionen für Schminkutensilien, 62 Millionen für Haarwaschmittel und laut Biovista mehr als zwei Millionen Euro für Herrenkosmetik. 3 840 Geschäfte profitieren davon republikweit; 17,5 Prozent ihres Umsatzes machen alle großen Naturkosmetikhersteller im Ausland. (2) Zu den bekanntesten deutschen Naturkosmetikherstellern zählen Dr. Hauschka (Marktanteil 27%), Lavera (20%), Logona (13,7%), Weleda (16,1%) und Primavera Life. Kleiner, aber ebenfalls stark wachsend sind Santaverde, Tautropfen, Martina Gebhard und Speick.

Auch die Hersteller konventioneller Kosmetik haben erkannt, dass sich mit Natur viel Geld verdienen lässt. Sie mischen immer häufiger natürliche Substanzen unter ihre künstlichen und schreiben Naturprodukt auf die Verpackung. Oder sie kaufen sich bei Naturkosmetikfirmen ein. So sprang etwa der weltgrößte Kosmetikkonzern, LOreal, vor etwa einem Jahr mit dem Kauf der britischen Naturkosmetikkette

Body Shop auf den Naturkosmetikzug auf. Body Shop verfügt über rund 2 300 Läden, und in vielen Ländern wie in Indien, China oder Lateinamerika gibt es bisher nur vereinzelte Läden. Die britische Body-Shop-Gründerin Anita Roddick, die Öko-Pionierin der Kosmetikindustrie und erklärte Tierversuchsgegnerin, verstarb übrigens im September dieses Jahres.

Anti-Aging liegt im Trend

Der andere Trend heißt Anti-Aging. Den Traum vom bis ins hohe Alter faltenlose Gesicht, ohne jegliche Orangenhaut, knackig und elastisch auch noch mit 80 und mehr - viele träumen nicht mehr nur, sondern sie schmieren und cremen, mehrmals täglich, sorgfältig mit klangvollen Wunderwaffen aus diversen Tiegeln. Substanzen wie Vitamin A, Vitamin C, Q 10, Retinol, Alphahydroxysäure sollen uns die Falten aus dem Gesicht bügeln, so versprechen es zumindest die Kosmetikhersteller wie Beiersdorf, LOreal und Unilever.
Anti-Aging-Produkte machen laut einer A.C.Nielsen-Studie in Deutschland bereits jetzt ein Drittel der Umsätze der gesamten Gesichtspflege aus, in Amerika sind es sogar zwei Drittel. 214 Millionen Euro investieren die Deutschen folglich in den Kampf gegen die Falten.

Das Ganze ist keineswegs ohne Risiko. Denn die Hersteller bewegen sich in einer Grauzone zwischen Kosmetik und Pharmazie. Die eingesetzten Substanzen sind pharmakologisch wirksam und normalerweise verschreibungspflichtig. Doch aufwendige und teure Studien, Zulassungsverfahren und Prüfungsverfahren wie in der Pharmaindustrie gibt es bei Kosmetik nicht. Kosmetika dürfen in Deutschland ohne die strengen, für Arzneimittel zwingend vorgeschriebenen Zulassungsverfahren auf den Markt gebracht werden. Doch die Trennlinie zwischen kosmetischen Mitteln und Medikamenten wird immer unschärfer. Etwaige Schäden büßt der Kunde. (3)

Die EU plant ein neues Kosmetikrecht. Dabei soll unter anderem geprüft werden, ob bei der Definition von Stoffen wie z.B. Konservierungsstoffen künftig nicht mehr auf die Zweckbestimmung, sondern nur noch auf die Substanz als solche abgestellt werden soll, und ob die Sicherheitsüberprüfungen für kosmetische Mittel verschärft und die Herstellerverantwortung dafür erhöht werden soll. (4)

Seit ein paar Jahren liegen auch in der Kosmetikindustrie die Nanomaterialien im Trend. In UV-Filtern in Sonnenschutzmitteln werden sogenannte Mikropigmente eingesetzt, Titandioxid und Zinkoxid.

Auch Liposomen und Nanosomen finden sich in

vielen Cremes. Diese locker gebundenen Lipidkügelchen sollen spezielle Wirkstoffe leichter in die Haut transportieren. (5)

Wasch-, Putz- und Reinigungsmittel

Universal- und Spezialwaschmittel, Waschhilfsmittel wie Weichspüler, Waschzusätze, Vorbehandlungs-, Wäschepflege- und Spezialbehandlungsmittel, Geschirrspülmittel, Haushaltsreinigungsmittel, Wohnraumpflegemittel, Lederpflegemittel, Autopflegemittel, Spezialputz-/Pflegemittel - das gesamte Marktvolumen betrug 2006 rund 3,75 Milliarden Euro. Der Markt ist weitgehend stabil, er verzeichnet keine großen Veränderungen (Wachstum 2005/2006: plus 1,7%). Die größten Bereiche sind die Universalwaschmittel (975 Mio. Euro, 26% Marktanteil), Haushaltsreiniger (666 Millionen Euro, 17,7%) und Waschhilfsmittel (592 Millionen Euro, 15,8%). (6)

Duftstoffe und Aromen locken mit intelligenten Zusatzstoffe und

künstlichen Düften

Duft- und Riechstoffe spielen für Wasch-, Pflege- und Reinigungsmittel im Haushalt eine große Rolle. Substanzen, die von unserer Nase als Geruch wahrnehmbar sind, werden als Riechstoffe bezeichnet. Duftstoffe heißen diejenigen Riechstoffe, die ein angenehmes Empfinden hervorrufen können. Zur Parfümierung von Wasch-, Pflege- und Reinigungsmitteln werden Riechstoffmischungen, so genannte Parfümöle, eingesetzt. Ein Parfümöl kann einige wenige bis zu mehrere hundert einzelne Riechstoffe enthalten. Um ein Wasch-, Pflege- oder Reinigungsmittel zu parfümieren, benötigt man durchschnittlich etwa 50 Riechstoffe.
Der jährliche Umsatz mit professioneller Beduftung wird auf derzeit 50 bis 80 Millionen Dollar geschätzt. In den nächsten zehn Jahren soll er sich verzehnfachen.

Der Duftstoff- und Aromahersteller Symrise aus Holzminden stellt Duftstoffe für Waschmittel, Shampoos und Parfüms sowie Aromen und Nahrungsmittelzusätze her, die beispielsweise fettarmen Kartoffelchips oder Diätspeiseeis geschmacklich auf die Sprünge helfen. Das Geschäft ist hochprofitabel. Im Trend liegt das Geschäft mit sogenannten And-Produkten, also beispielsweise Vanillejoghurt, der nicht nur nach Vanillejoghurt schmeckt, sondern auch die Verdauung des Konsumenten ankurbelt. Diese intelligenten Zusatzstoffe kommen meist in den Bereichen Gesundheit, Schönheit und Wellness zum Einsatz.

Bei den Duftstoffen könnte noch ein weiterer Trend aus den USA, Kanada und Asien bald zu uns herüberkommen. Künstliche Düfte, die in der Luft liegen und in uns wohlige Erinnerungen wachrufen und unbemerkt zum Kauf animieren. So soll beispielsweise der künstlich gesprühte Duft nach frisch gebackenem Apfelkuchen in der Lobby des Hotels Four Points by Sheraton positive Erinnerungen an Kindheit und Familie wecken. (7)

Reinigungsmittel Putzpartys bald Trendsetter?

Trifft man sich bald nicht mehr in Fitness-Studios, um die Figur in Form und die sozialen Kontakte wach zu halten, sondern veranstaltet man mit guten Freundinnen eine Putzparty? Fitnesstraining beim gemeinsamen, freundschaftlichen Hausputz mit anschließendem Essen? Kalorienverbrauch beim Fensterputzen anstatt beim Spinning? Stärkung der Bauchmuskulatur beim Abwaschen anstatt auf der Schrägbank? Ecken putzen und Schränke wischen anstatt Bauch, Beine, Po-Stunde? Putzpartys sind der neueste Schrei in den USA und wer weiß, vielleicht schwappt auch dieser Trend bald zu uns über den großen Teich? (8)

Und wenn es nach Vileda geht, dem größten europäischen Hersteller von Reinigungsutensilien und -geräten vom Topfreiniger bis zum Wischmopp, dann kommen bei der Putzparty natürlich seine bequem zu handhabenden und ergonomisch nach modernsten Aspekten gestalteten Hilfsmittel zum Einsatz. Die Freudenberg Haushaltsprodukte KG sie steckt hinter der Marke Vileda - machte im vergangenen Jahr einen Umsatz von 627 Millionen Euro weltweit (plus 6%) und will dieses Jahr auf mehr als 660 Millionen Euro anwachsen. Im deutschen Markt ist Vileda gut unterwegs, als nächstes soll die deutsche Putzwut nach Russland und China übertragen werden, in Mexiko und der Türkei boomt das Geschäft schon. Viledas größte Kunden sind die Einzelhandelsunternehmen Wal-Mart, Carrefour und Metro, die stärksten Konkurrenten 3M (Scotch-Brite) und Procter & Gamble (Swiffer). (9)

Fazit

Mit vielen Versprechungen lockt diese Branche seine

Kunden. Ob die Naturkosmetik und das Anti-Aging seine Versprechen gehalten haben, werden wir beurteilen, wenn wir an unserem 60. Geburtstag in den Spiegel schauen und nur unwesentlich älter aussehen als unsere Schwiegertochter. Und dass uns die ergonomisch gestalteten Wischmopps das künstliche Knie- und Hüftgelenk erspart haben, werden wir vermutlich nie so ganz beweisen können.

Fallbeispiele

Den Chemie-Industrieumsatz mit Seifen, Wasch-, Reinigungs- und Körperpflegemitten sowie Duftstoffen beziffert der Verband der Chemischen Industrie (VCI) für 2006 (ohne Handels- und fachfremde Umsätze) auf insgesamt 10,016 Milliarden Euro (plus 5 % gegenüber dem Vorjahr).
Als Anbieter im Markt vertreten sind zum einen Kosmetikkonzerne (z.B. LOreal, Beiersdorf), namhafte Konsumgüterkonzerne (z.B. Henkel, Procter & Gamble, Unilever, Colgate-Palmolive), Spezialchemiehersteller (z.B. Cognis) und Spezialisten wie die Duft- und Aromahersteller Givaudan und Symrise.

Die Top 3 Anbieter in Sachen Kosmetik sind LOreal, Procter & Gamble und Unilever. Der weltgrößte Kosmetikkonzern ist **LOreal**. Der Konzern machte 2006 einen konsolidierten Umsatz von 15,8 Milliarden Euro, davon wurden 927 Millionen Euro Umsatz in Deutschland erzielt. 19 globale Marken hat LOreal im Portfolio, darunter Haarpflegemittel (z.B. Elvital, Fructis), Hautpflegeprodukte (z.B. Lancome), Düfte (z.B. Giorgio Armani). LOreal konnte seinen Umsatz im ersten Halbjahr 2007 um 7,7 Prozent steigern und 8,51 Milliarden Euro einfahren. Auch der Gewinn wurde im ersten Halbjahr wie erwartet gesteigert (Nettoergebnis: +8,4% auf 1,18 Milliarden Euro). (10)

Procter & Gamble

kennen wir eigentlich alle, sei es aus der Haar- & Schönheitspflege (z.B. Wella, Max Factor, Oil of Olaz), Gesundheitspflege (z.B. blend-a-dent) oder aus der Textil- und Haushaltspflege (z.B. Ariel, Lenor, Swiffer, Meister Proper). Der Umsatz von P&G betrug im Geschäftsjahr 2005/06 weltweit 68,2 Milliarden US-Dollar. In Deutschland ist P&G seit 1960 an über 20 Standorten, darunter drei Innovationszentren mit etwa 1 000 Mitarbeitern in Forschung und Entwicklung, ansässig. P&G beschäftigt etwa 135 000 Mitarbeiter in fast 80 Ländern der Erde, ungefähr 17

000 davon in Deutschland. Ein starkes Geschäft mit Körperpflegeprodukten verhalf dem weltweit drittgrößten Konsumgüterkonzern **Unilever** zu einem guten Ergebnis im ersten und zweiten Quartal. Umsatztreiber waren insbesondere Körperpflegeprodukte wie Dove-Seifen und Axe-Deos. Das Produktangebot ist vielfältig, alle Marken gut bekannt: Knorr-Suppen, Langnese Eis, Lipton Tee, Slim Fast, Dove Seifen, Omo und Domestos. Der niederländisch-britische Hersteller von Nahrungsmitteln, Haushalts- und Körperpflegeprodukten arbeitet derzeit intensiv und mit drastischen Einschnitten an der Neuorganisation des Unternehmens. Sie soll in den kommenden vier Jahren vollzogen werden und rund 20 000 Stellen kosten.Im ersten Quartal lag der Erlöszuwachs mit 5,7 Prozent klar über den Prognosen. Die operative Marge stieg von 13,3 auf 13,7 Prozent. Im zweiten Quartal stieg der Umsatz auf 10,53 Milliarden Euro. Damit wuchs der Konzern innerhalb eines Jahres um fast sechs Prozent.Im ersten Halbjahr 2007 setzte das Unternehmen rund 20 Milliarden Euro um; knappe 50 Prozent machten Körper- und Haushaltspflegeprodukte aus. Das operative Ergebnis betrug 1 500 Millionen Euro. Auch den Gewinn konnte Unilever in die Höhe schrauben: Netto verdiente das Unternehmen im ersten Halbjahr mit 1,2 Milliarden Euro etwa ein Sechstel mehr als vor einem Jahr. (11)

Henkel

, traditionsreicher Konsumgüterkonzern mit einem Jahresumsatz 2006 von 12,7 Milliarden Euro, machte in den vergangenen Monaten Schlagzeilen im Zuge der Übernahme des britischen Chemiekonzerns ICI durch den Spezialchemiekonzern Akzo Nobel. Henkel will bis spätestens Ende März 2008 dann die Klebstoffsparte von ICI kaufen. Das Geschäftsfeld Klebstoffe (Marken Pritt, Pattex, Ceresit) wird bei dem Konzern mit einem Umsatz von 5,5 Milliarden Euro zur größten Konzernsäule, gefolgt von den Bereichen Wasch- und Reinigungsmittel sowie Kosmetik- und Körperpflege (Schwarzkopf, Fa, Schauma).Der Hamburger Körperpflegekonzern **Beiersdorf**, bekannt für Marken wie Nivea, Eucerin, Tesa oder Hansaplast, ist auch im ersten Halbjahr 2007 wieder kräftig gewachsen. Mit seinen Körperpflegemarken wuchs Beiersdorf um 9,7 Prozent auf 2,4 Milliarden Euro. Hauptumsatzträger ist die Marke Nivea mit 1,8 Milliarden Euro. Die größten Umsatzzuwächse wurden mit Männerkosmetik, Gesichtspflegeprodukten, Deos und Körperlotionen erzielt. In China ist Beiersdorf innerhalb von drei Jahren zur Nummer 1 im Männergesichtspflegesegment aufgestiegen.

Insgesamt stieg der Umsatz um 9,2 Prozent auf 2,85 Milliarden Euro. Bereinigt um Sondereffekte verbesserte sich das Ergebnis vor Steuern und Zinsen (Ebit) um 16 Prozent auf 373 Millionen Euro. Der Nettogewinn schrumpfte um 60 Prozent auf 206 Millionen Euro. Der Jahresumsatz stieg 2006 währungsbereinigt um 7,3% auf 5,120 Milliarden Euro. (12)

Symrise

, viertgrößter Anbieter der Welt bei Duftstoffen und Aromen hinter Givaudan (CH), International Flavors & Fragrances (USA) und Firmenich (CH), ist gut im Geschäft. Im vergangenen Jahr erzielte das Unternehmen mit Sitz in Holzminden einen Umsatz von 1,23 Milliarden Euro. In diesem Jahr wird sich der Erlös auf voraussichtlich 1,3 Milliarden Euro belaufen. Für dieses Jahr rechnet Symrise mit einem Anteil des Gewinns vor Zinsen, Steuern und Abschreibungen (Ebitda) am Konzernumsatz von mehr als 20 Prozent. Gleichzeitig werden die Erlöse mit fünf bis sechs Prozent doppelt so schnell wachsen wie der Gesamtmarkt. Der Anteil von And-Produkten soll mittelfristig von 30 auf bis zu 50 Prozent erhöht werden. (13)

Zahlen & Fakten

Markt für Körperpflegemittel, Wasch-, Putz- und Reinigungsmittel Deutschland

Umsatz 2006 in Millionen Euro, Veränderung 2005/2006, Marktanteile

Körperpflegemittel

Teilmärkte	Umsatz 2006 in Mio Euro	Veränderung in Prozent	Marktanteil in Prozent
Haarpflegemittel	2.793	2,3	23
Hautpflegemittel	2.832	4,4	24
Dekorative Kosmetik	1.134	5,0	10
Zahn-/Mundpflegemittel	1.231	3,6	11
Damen-Parfums/-Düfte	900	5,0	8
Herren-Kosmetik	806	5,6	7
Bade-/Duschzusätze	790	2,4	7
Deodorantien	621	7,0	5
Seifen/Syndets	211	0,0	2
Sonst. Körperpflegemittel *)	395	0,9	3
Gesamtmarkt	**11.713**	**3,8**	**100**

Wasch-, Putz- und Reinigungsmittel

Teilmärkte	Umsatz 2006 in Mio Euro	Veränderung in Prozent	Marktanteil in Prozent%
Universalwaschmittel	975	2,7	26
Spezialwaschmittel	200	0	5,3
Waschhilfsmittel	592	2,9	15,8
Geschirrspülmittel	548	1,7	14,6
Haushaltsreinigungsmittel	665	0	17,7
Wohnraumpflegemittel	137	-2,4	3,6
Lederpflegemittel	68	0	1,8
Autopflegemittel	212	0	5,6
Spezial-Putz-/Pflegemittel	335	4,7	9,5
Gesamtmarkt	**3.753**	**1,7**	**100**

GfK-Genios Grafik

Quelle: Industrieverband Körperpflege- und Waschmittel e.V. (IKW), IKW-Arbeitsgruppe Marktschätzung, Stand: März 2007

Entnommen aus: www.ikw.org, Marktdaten

Körperpflegemittel-Markt Deutschland

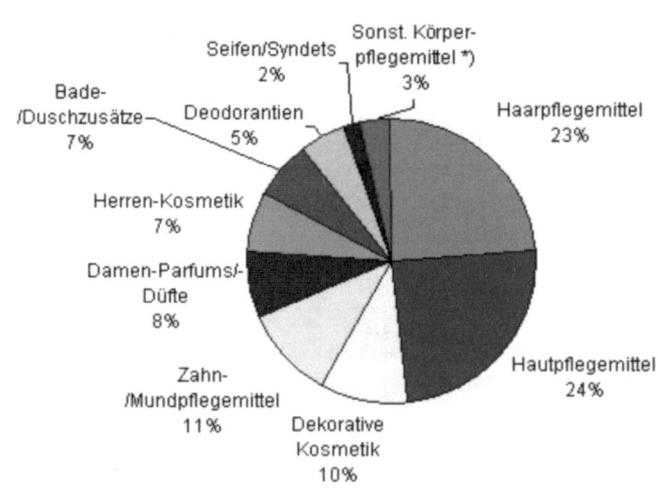

Quelle: Industrieverband Körperpflege- und Waschmittel e.V. (IKW), IKW-Arbeitsgruppe Marktschätzung, Stand: März 2007

Entnommen aus: www.ikw.org, Körperpflegemittel,

Marktdaten

Weiterführende Literatur

(1) Industrieverband Körperpflege- und Waschmittel e.V. (IKW), IKW-Arbeitsgruppe Marktschätzung, Körperpflegemittel, Stand: März 2007
aus HANDELSBLATT online 22.03.2007 06:00:00

(2) Grün ins Gesicht Die Hersteller von Naturkosmetik wachsen in Deutschland – gegen den Branchentrend
aus Frankfurter Rundschau v. 11.08.2007, S.16, Ausgabe: S Stadt

(3) Problematische Versprechen Mit ihren Anti-Aging-Produkten stoßen Kosmetikhersteller zunehmend in den Grenzbereich zur Medizin vor. Doch klinische Studien und Zulassungen für Cremes fehlen
aus Financial Times Deutschland vom 23.08.2007, Seite 26

(4) Bundesverband Deutscher Industrie- und Handelsunternehmen für Arzneimittel, Reformwaren, Nahrungsergänzungsmittel und Körperpflegemittel (BDIH), Kontrollierte Naturkosmetik,
www.kontrollierte-naturkosmetik.de
aus Financial Times Deutschland vom 23.08.2007,

Seite 26

(5) Industrieverband Körperpflege- und Waschmittelmittel e.V. (IKW), Kosmetische Mittel und Nanotechnologie, 05.09.2007, www.ikw.org
aus Financial Times Deutschland vom 23.08.2007, Seite 26

(6) Industrieverband Körperpflege- und Waschmittel e.V. (IKW), IKW-Arbeitsgruppe Marktschätzung, Waschmittel, Stand: Dezember 2006
aus Financial Times Deutschland vom 23.08.2007, Seite 26

(7) Dowideit, Martin, Botschaft für die Nase, Welt am Sonntag, 01.07.2007, Nr. 26, S. 33
aus Financial Times Deutschland vom 23.08.2007, Seite 26

(8) Putzen macht schön
aus netzeitung.de vom 03.07.2007

(9) Reinigungsmittelhersteller Vileda strebt mehrere Zukäufe an
aus Frankfurter Allgemeine Zeitung, 22.08.2007, Nr. 194, S. 14

(10) "Der Markt ist begierig"
aus WirtschaftsWoche NR. 023 VOM 04.06.2007 SEITE 082

(11) Unilever erhöht das Spartempo
aus Frankfurter Allgemeine Zeitung, 03.08.2007, Nr.

178, S. 15

(12) Mehr Männer kaufen Nivea
aus Frankfurter Allgemeine Zeitung, 08.08.2007, Nr. 182, S. 12

(13) Masuhr, Jens, Dufte Aussichten, FOCUS-MONEY, 13.06.2007, Ausgabe 25, S. 022-023
aus Frankfurter Allgemeine Zeitung, 08.08.2007, Nr. 182, S. 12

Impressum

Körperpflegeprodukte, Wasch-, Putz- und Reinigungsmittel - Eine Trendschau

Bibliografische Information der deutschen Nationalbibliothek

Die Deutsche Nationalbibliothek verzeichnet diese Publikation in der deutschen Nationalbibliografie; detaillierte bibliografische Daten sind im Internet über http://dnb.d-nb.de abrufbar.

ISBN: 978-3-7379-2236-4

© 2015 GBI-Genios Deutsche Wirtschaftsdatenbank GmbH, Freischützstraße 96, 81927 München, www.genios.de

Alle Rechte vorbehalten. Dieses Werk ist einschließlich aller seiner Teile – z.B. Texte, Tabellen und Grafiken - urheberrechtlich geschützt. Jede Verwertung außerhalb der Grenzen des Urheberrechtsgesetzes bedarf der vorherigen Zustimmung des Verlags. Dies gilt insbesondere auch für auszugsweise Nachdrucke, fotomechanische

Vervielfältigungen (Fotokopie/Mikroskopie), Übersetzungen, Auswertungen durch Datenbanken oder ähnliche Einrichtungen und die Einspeicherung und Verarbeitung in elektronischen Systemen.